AF227146

DU DROIT

A

L'INSTRUCTION

ET A

L'ÉDUCATION CIVIQUES

PAR ***

> La vérité devient-elle un sujet de scandale? — Que le scandale naisse et que la vérité soit proclamée.
>
> (St AUGUSTIN).

CONSTANTINE

IMPRIMERIE L. MARLE, 2, RUE D'AUMALE

—

1874

PROLOGUE.

La vérité devient-elle un sujet de scandale ? — Que le scandale naisse et que la vérité soit proclamée.

(St AUGUSTIN).

Les questions d'enseignement et d'éducation auraient toujours dû être des questions capitales, les premières entre toutes celles dont une nation sérieuse doit se préoccuper. Un simple coup d'œil jeté sur l'histoire des peuples fait douloureusement sentir combien, à cet égard, les sociétés sont coupables ; quel appoint chétif gouvernés et gouvernants de tous les temps et de tous les pays ont apporté à la solution du grave problème.

Depuis quelques années, toutefois, il faut le reconnaître, et surtout depuis notre immortelle résurrection de 1789, les choses paraissent changées ; les hommes d'aujourd'hui songent enfin à donner à leurs enfants plus que la vie physique ; et peut-être verrons-nous un jour cette noble science qui fait des citoyens, devenir une institution et conquérir son rang et son indépendance.

J'ai essayé, dans ce travail, de rassembler en un faisceau la série de réflexions que nous suggère l'expérience journalière. C'est, avec les applications possibles au sujet traité, un résumé pur et simple de toutes les évolutions par lesquelles la raison, en dépit des entraves, révèle

en nous son action, établit son autorité, ou pro-
teste. Je toucherai donc un peu à tout, sinon à fond,
du moins hardiment et franchement, comme le
colon résolu qui, laissant au rivage le bagage du
vieux monde, pousse vers l'inconnu. C'est aujour-
d'hui un temps de luttes et de discussions, véritable avènement de l'esprit *collectif*, auparavant
étouffé par l'esprit individuel exclusif de parti
ou de caste. Partout, nécessairement, déborde
comme une veine endémique de doctrines et de
systèmes, dont l'étourdissant conflit laisse à
peine entrevoir l'éternelle, l'insaisissable vérité.
L'imagination, emportée par ce courant magi-
que, franchit sans haltes l'antiquité et le monde
moderne, voit se perdre dans le même horizon
le présent et le passé, et jamais ne s'arrête. Il
faut, pour se tenir dans la mêlée, pour résister
à cette marée, laisser là les vieilles armes, tou-
cher la terre comme le géant, faire échec à la
fatalité des traditions.

Les mots EDUCATION, *Education de l'enfant*,
de l'homme, révèlent à une attentive analyse une
telle complication d'idées, un tel concours d'éléments et de matériaux hétérogènes, que l'esprit,
d'abord curieux et confiant, recule comme en
face d'un abîme. Ainsi, le sujet, qui d'abord
avait éveillé toutes les sympathies, sollicité les
premiers efforts de l'intelligence et semblait
éminemment se poser comme le but suprême de
ses travaux, se trouve fatalement et indéfiniment
ajourné. On entend bien, parfois, à travers les
siècles, la voix de quelque génie, comme un
écho de la conscience humaine et comme un
appel pathétique, traduire au grand jour, proclamer intrépidement les prétendus principes
de la mystérieuse inconnue ; mais à chacune de
ces rares tentatives, la société, satisfaite de ses
routines ou par haine des nouveautés, repousse

bientôt l'enquête, et, livrant au destin, la solution d'un problème tenu pour impossible, laisse la voix de ces Cassandres vibrer un jour et se perdre au sein d'une indifférence systématique. Il n'y a, chaque fois, qu'un nom de plus inscrit aux archives oubliées du monde.

Qu'on mette, effectivement, en regard les moyens dont l'homme dispose, l'état de son jugement comme le bilan des connaissances arrachées à l'expérience du passé ; d'autre part, l'ensemble des conditions multiples que les esprits sérieux s'accordent à exiger, pour le seul acte initial, pour l'éducation de l'enfance.

Tout d'abord, se présentent les deux grandes individualités, dont la lutte intime, permanente, constitue le drame principal : *L'Individu* et *le Milieu* dans lequel il doit vivre et s'agiter. Le milieu, ou la société, bien que toujours existante de fait, se trouve-t-elle jamais suffisamment définie, ou même seulement définie avec netteté ? Où trouver dans ce vague insondable. la base d'un système rationnel? Le Chiron moderne animé d'un esprit conservateur, pénétré d'un saint respect pour le vieil édifice, partira-t-il du principe théologico-monarchique, des castes de la hiérarchie fonctionnelle ; le tout se résumant à la résolution mystique du monde en Dieu, par l'immortalité de l'âme? Ou bien, tout imprégné de l'esprit révolutionnaire, frémissant du souffle qui agite les sociétés de 89, ira-t-il, nouveau Jean-Jacques, puiser ses lumières et sa méthode dans les théories d'une philosophie réaliste, exclusivement *phénoménale*? Choisira-t-il Platon ou Locke, et, présomptieux mortel, osera-t-il trancher d'un coup cette montagne de questions creuses ou profondes, qui ont agité les penseurs pendant des siècles et qui grondent toujours sourdement au fond des esprits ? Les noms seuls qu'évoque à l'imagination le simple énoncé de cette formidable entreprise, tant de fois abordée et toujours rebelle aux plus âpres travaux, viennent témoigner des écueils accumulés sur cette voie. Illustre et à jamais mémorable phalange, dont les héros sont tombés un à un sur ce champ bouleversé de la civilisation, mais dont chaque génération sait précieusement honorer les restes et relever les armes pour de nouveaux combats. Je viens aussi, comme ceux de mon siècle qui ont lu dans le passé et espèrent dans l'avenir, je viens fournir ma tâche, et, combattant pour la même cause, nouvel enrôlé d'une légion toujours décimée et sans cesse renaissante, je vais essayer de soulever ces nobles armures, d'y faire vivre et palpiter le cœur d'une génération nouvelle, de marcher à l'ennemi ou plutôt au sphynx sous ce drapeau sacré de la Liberté et de la Justice.

L'ennemi, c'est l'état de fiévreuse inquiétude au sein duquel s'agitent les sociétés modernes. En face de ces mondes, de ces vastes organismes humains si péniblement élaborés et édifiés, puis, leur mission remplie, balayés comme la poussière ou tristement enfouis sous les débris d'une grandeur souvent ignorée ; au lendemain d'une lutte grandiose qui, d'une étincelle, a soufflé sur le monde un immense incendie, nous assistons, stupéfaits et comme frappés d'une mystérieuse terreur, aux dernières convulsions des systèmes proscrits, mais sans savoir encore quelle vie nouvelle, quelle vérité supérieure vont jaillir de ce chaos.

On l'a dit, on le répète avec plus de foi que de conviction : l'homme, mélange de matière et d'esprit, éprouve, à côté de l'existence physique, le besoin impérieux d'un aliment idéal. Il aspire, dans les rêves de son imagination, à franchir ce cercle restreint, à voir au-delà de l'espace où il se meut la fiction qui l'agite et le pousse. Impatient de cette grossière enveloppe qui lui rappelle trop, à son gré, sa nécessiteuse et fragile nature, il tente de s'échapper vers l'infini, et frappe sans relâche comme sans succès aux portes de l'*absolu*.

Les innombrables systèmes anthropomorphiques, manifestations fatales de ces tendances, viennent s'échelonner dans l'histoire comme autant de colonnes marquant les étapes de cette voie semée de triomphes et de catastrophes. Depuis le naturalisme grossier des âges flottant aux confins de la fable jusqu'au spiritualisme raffiné de nos philosophies actuelles, à travers les merveilleux tableaux du polythéïsme grec, les voluptueux mystères du sabéïsme oriental, c'est toujours le même besoin de contemplation idéale, d'abstraction rêveuse, qui se révèle sous une allure et avec des couleurs propres à chaque race, mais infailliblement, partout, avec la même intensité et une égale persistance.

Le monothéïsme catholique, dernier terme de cette évolution supranaturelle de l'esprit, dont il a concentré la puissance et soumis la marche à la discipline d'une théodicée insatiable d'abstraction et d'un génie dominateur incomparable, vient de donner la plus éclatante confirmation de ce besoin mystérieux, toujours excité et jamais satisfait. L'initiateur de cette religion, devenue pour des siècles le catéchisme de la moitié du monde, Christ, ce courageux et sublime apôtre des malheureux et des faibles, apportait à la société agonisante de corruption le simple mais héroïque remède de l'honnête homme : Justice, Charité envers les faibles, Egalité entre tous. Ce n'était point assez pour ses disciples zélés ou fanatiques, pour ces humbles de cœur, pour ces affranchis de la veille, éblouis tout d'un coup et voués désormais au culte du merveilleux : le prophète-martyr fut bientôt un *dieu*, ses bonnes paroles, son évangile devinrent un code révélé et partant infaillible. De là, exploitée sans relâche, organisée par les habiles, cette pure et immortelle revendication des droits de l'humanité se transforme peu à peu en système, pour devenir la théocratie redoutable dont s'effraient aujourd'hui nos consciences.

Mais après chaque période de vitalité et d'action, l'agent, si vigoureusement organisé qu'il soit, subit une invariable dissolution. De même qu'un jour le philosophe grec, débarrassé de sa superstition et de ses dieux, n'a su, le lendemain, y substituer qu'impuissance et subtilité ; de même que le Romain, tenant encore entre ses mains impures le signe avili et désormais caduc des « grandes divinités, » s'est jeté, pour en finir, dans le scepticisme et l'orgie ; comme tous ces représentants de sociétés tragiquement dissoutes au terme de leur carrière, nous attendons, nous aussi, le cœur désolé, la conscience éperdue, en face de l'œuvre inachevée de nos pères, la révélation d'un *Verbe* nouveau. Nous avons brûlé notre idéal, rompu avec la tradition dix fois séculaire, et, soit candeur ou lâcheté, nous ne soupirons, nous ne rêvons qu'idéal et tradition. Les dieux sont partis, et, misérables, inquiets, nous rôdons toujours aux pieds des autels déserts.

C'est décidément un *principe nouveau* (*) que

(*) Il serait peut-être plus juste de dire une *application nouvelle* du principe éternel de *Justice* sur lequel doit reposer toute organisation sociale. Mais ce que les déductions abstraites de l'analyse présentent comme les transformations, on dirait presque comme les *dé-*

la société, torturée des angoisses du doute, cherche pour entamer une vie nouvelle. Je ne juge pas, en effet, qu'il soit nécessaire pour nous, fils du réalisme et nourris de déceptions, d'insister sur une idée devenue, depuis le commencement du siècle, le nerf, le phare directeur de tout ce qui a chance d'influence et de durée. Le christianisme, quintescence suprême des croyances à l'absolu, résumé de ce que renferment à la fois de plus sublime et de plus obscur les abstractions religieuses de trente siècles ; le christianisme, marqué aujourd'hui du sceau de l'impuissance, comme la bête de l'Apocalypse, est remorqué par ceux qu'il conduisait jadis, et, corps énervé, organisme inconscient, ne se doute même pas que ses temps sont « *accomplis.* » Mais la grandeur même et le retentissement d'une pareille chûte mettent à nu toute l'étendue de la tâche, la profondeur du vide à combler. Il faut qu'après le règne, désormais proscrit, des révélations mystiques, des légendes miraculeuses, s'établisse sur une base inébranlable le régime de la raison ; il nous faut, sans passion comme sans remords, rompre avec une tradition épuisée

rivés d'une même idée fondamentale, n'apparaît jamais, dans le domaine des faits, sans revêtir une individualité propre, *sui generis*, dont l'origine ou la descendance se saisit plus tard, mais passe d'abord inaperçue. Témoin *l'idée juridique*, donnant d'abord lieu au *droit de la force*, puis, sous la réaction d'une raison encore amorphe se transformant en *droit divin*, pour aboutir, à l'heure qu'il est, à sa pénultième expression : *le droit des majorités*, dernière tranchée du *Juste* avant son éclosion définitive.

Ces réflexions, touchant la différence des spéculations métaphysiques et des conceptions pratiques, ou plutôt rationalistes, suffiront pour justifier aux yeux des esprits les plus rigoureux l'expression de *principe nouveau*, employée dans le texte.

et ouvrir à nos fils une carrière plus féconde. Le cœur nous faillira-t-il au moment décisif? Longtemps bercés dans la quiétude d'un dogme aujourd'hui suranné, mais dont l'épanouissement nous avait rendu la vie, ne saurons-nous, à notre tour, provoquer l'étincelle d'où jaillira la lumière nouvelle?

Certes, l'espérance nous en est au moins permise. Les individus succombent et disparaissent. *Hic jacet pulvis et nihil...* L'humanité est immortelle. L'homme, en effet, trouve à ces moments solennels de crise, de dissolution apparente, des facultés aussi fécondes qu'inattendues, et devant lesquelles tout cède, tout s'ordonne à son heure. Les obstacles où venaient se briser, hier encore, les efforts les plus laborieux des plus habiles et des plus intrépides, tombent comme d'eux-mêmes sous les coups mal assurés des plus obscurs pionniers. Où en serait la civilisation, qui soutiendrait son cours, sans ces réveils périodiques, cet intermittent mais obstiné besoin de mouvement, qui ne laisse entreprise ébauchée, œuvre inachevée, et vient sans relâche nouer ou dénouer la trame de nos destinées? Partout où la raison peut aborder, les problèmes ne succèdent aux problèmes qu'avec un cortége d'infatigables travailleurs, et, véritable image de l'Humanité, cette chaîne sacrée ne s'ouvre jamais, même au jour des plus grandes catastrophes, que pour embrasser un champ plus vaste, un plus vigoureux organisme. Après les Archimède, les Newton, la marche entamée par Pythagore et Platon est devenue la marche triomphale d'un peuple de philosophes. Chaque nom fameux, chaque idée créatrice ne traverse ainsi les siècles que portée sur une marée grossissante, dont les flots sont des hommes et les rivages reculent à l'infini.

SIC VOS NON VOBIS.

Il ne faut pas que le peuple voit trop clair.

(Extrait du Code des Oligarchies).

Toute œuvre de l'esprit, tout travail du corps veulent un exercice, une appropriation préalable des organes comme des facultés provoqués à l'action. Initiation méthodique, apprentissage en un mot, tel s'impose et s'exprime, dans la pratique, ce principe vraiment physiologique et base du travail fécond sous toutes ses formes. Les improvisations ne se font que dans le domaine de l'idéal, où l'analyse critique trouve peu de prise et ne saurait, à peine de s'égarer, viser à des conclusions rigoureuses.

Nécessité de l'Organisation

de l'Education.

Or, dans cette capitale entreprise qui consiste à faire de l'embryon humain un être complet, à développer suivant leurs lois toutes les forces déposées en germe dans le jeune *animal* ; dans cette œuvre à la fois subtile et grandiose, dont la solution s'agite et trop souvent recule à chaque génération, n'est-ce pas le cas ou jamais de suivre pas à pas la règle imposée de tous temps par le sens commun ? Est-il une institution qui, plus que celle de l'enseignement, décide irrévocablement du sort des sociétés, de leur marche chancelante ou rapide dans les voies du progrès? Peut-il, d'autre part, rester un instant douteux que, vu la gravité du sujet, en raison de la persistance infaillible de ses effets, les aberrations ou les écarts de méthode ne manquent d'y tourner à la duperie générale, finalement aux catastrophes ?

Là réside, il faut le reconnaître, le patrimoine, la véritable réserve d'une nation ; réserve de forces vives, qui, bien ou mal exploitée, conduit à la prospérité ou précipite à la ruine. A défaut du sens intime, les alternatives de progrès ou de langueur qui signalent dans l'histoire la diffusion des lumières ou leur obscurcissement, suffiraient, irrécusables témoins, pour faire éclater l'évidence aux yeux des plus aveugles comme des moins réfléchis.

Bien éloignés, comme on voit, de nous dissimuler aucune des difficultés de la question, d'en méconnaître le caractère supérieur comme élément social, nous l'envisageons, au contraire, dans toute l'étendue, on pourrait dire dans toute l'immensité qu'il soit donné à l'esprit humain de concevoir. L'éducation de l'homme n'est rien moins, en effet, qu'une deuxième création, confiée, non pas seulement à l'individu isolé, qui succomberait à la tâche, mais à la collectivité tout entière. Ce n'est pas trop du concours de toutes les intelligences, de toutes les forces sociales, pour façonner le jeune rejeton et l'élever à la hauteur unique de son rôle ; pour donner à l'*alme natura* ce maître sage et digne qu'elle a voulu mystérieusement s'engendrer.

Pour qui, dès lors, songe à l'abîme déjà creusé par nos propres efforts entre l'état sauvage et l'état civilisé ; pour qui suppute les étapes sans

nombre parcourues par des milliers de générations, la plupart effacées à l'horizon des temps,
depuis leur berceau jusqu'à leur période d'efflo-
rescence, les richesses intellectuelles et morales
superposées et enfouies dans les archives du
passé, le maigre profit qu'on a su en tirer ; pour
celui-là, le problème paraîtra aussi imposant que
fécond par ses résultats. Comme nous, il y verra
la source, tenue longtemps mystérieuse et trop
peu explorée encore, de bien des mécomptes, de
bien des perturbations dans la vie des peuples;
comme nous, il s'affermira dans cette conviction
que la société est un pacte réciproque, où la
moralité des contractants est la première condition du contrat ; qu'à une nation bien pénétrée
de cette origine *juridique*, sinon *historique*, il
faut avant-tout plus que des individus, mais des
citoyens ; que prétendre, en un mot, à la stabi-
lité d'un organisme dont les organes seraient pris
au hasard, constituera toujours une chimère ou
une aberration coupable, bonne à susciter des
intrigants et des dupes, et à se résoudre finalement en une débâcle commune.

Données générales.

Nulle incertitude, d'ailleurs, sur la voie que
l'on se propose de suivre, et qu'annonce suffisamment notre début. Nous laissons radicalement de
côté l'antique hypothèse des sociétés patriarcales
et féodales, désormais reléguées aux hypogées de
l'histoire comme types à éviter. Livrant également aux critiques de l'avenir, qui en feront
justice, la forme hybride des gouvernements

modernes, mélange incohérent de droit divin et de faux libéralisme, nous embrassons sans réserve le principe fécond et rationnel que le présent élabore et dont nos fils vivront : le principe de la *mutualité* et du *contrat*. Cette organisation fédérative et contractuelle des sociétés, organisation trop longtemps méconnue et ajournée, nous la prendrons à la fois comme thème et comme argument. Le pacte synallagmatique, l'association, tel sera notre point de repère primordial, tel sera notre guide, notre fil conducteur immuable à travers les régions variées que doit explorer cette étude.

Sans franchir, en effet, les limites rigoureuses des matières que nous allons traiter, sans tenter au loin une reconnaissance téméraire, et partant, nuisible à la concentration de nos efforts, nous pouvons cependant ouvrir un coin du rideau, planter quelques jalons dans ce domaine illimité des sciences politiques, et en extraire, après tout, nos données fondamentales.

L'éducation de la jeunesse dépend, sans conteste, de l'organisation sociale ; elle s'en déduit ou lui donne la vie, comme le rameau tient à l'arbre, en reçoit la sève et entretient sa vigueur. Déterminer les formes générales sous lesquelles doit fonctionner, et peut, à notre point de vue, prétendre à prospérer tout groupe, toute collectivité humaine, constitue donc ici, non pas une digression superflue, mais les prémisses nécessaires, la base, en un mot, de notre entreprise.

Aperçus et Déductions historiques.

—

Depuis longtemps déjà, la raison pratique comme la philosophie spéculative des âges modernes a fait justice des notions primitives, en quelque sorte rudimentaires, en vertu desquelles ont procédé et procèdent encore de nos jours, avec l'intensité qu'on va voir, toutes ces agglomérations d'individus décrites par la fable ou par l'histoire sous les noms de *Peuples* ou de *Nations*. Plus n'est besoin de démontrer aujourd'hui qu'à la place des idées de *Caste* et de *Subordination fatale*, dérivant du sang ou de la race, a surgi enfin, pour définitivement triompher, le principe de l'*Egalité naturelle*. Pour l'homme d'affaires comme pour le penseur, aux yeux de l'obscur travailleur comme du notable ayant place dans les conseils, ce système, issu des ténèbres primitives, fondé sur l'exploitation des faibles par les forts, ce système dont les monotones variantes, monarchie, oligarchie... se résument toujours dans une prépondérance injustifiée du petit nombre, dans l'asservissement des masses et dans l'avilissement de tous; ce système, frappé de réprobation, n'est plus qu'un édifice d'iniquité. La base même sur laquelle il lui faut, plus que jamais, chercher appui, la superstition religieuse, à bout d'expédients mystiques, aussi immorale dans ses conséquences qu'irrationnelle dans sa thèse, glisse elle-même sur la pente commune. Prince et prêtre, ces deux incarnations de l'idéal autoritaire, rétrogradant chaque jour devant l'enfant fait homme, attendent du sens commun leur finale éviction.

Les générations actuelles, éclairées par l'histoire, pressées par les besoins multiples d'une civilisation qui ne livre chaque nouvelle jouissance qu'au prix d'un labeur nouveau, tous ces enfants de l'avenir élevés à la rude école du travail moderne, ont substitué peu à peu et comme par une tendance fatale, le calcul et la critique aux habitudes contemplatives, à l'idéalisme du passé. Chaque jour s'efface le prestige des idoles ; le *Deus ex machina*, dépouillé de son appareil mystique, n'est plus, comme le reste, qu'un organe ordinaire de la machine, organe docile ou réfractaire, d'ailleurs, suivant l'habileté de l'ouvrier.

Les vieux systèmes politiques, dont il reste malheureusement encore de trop nombreux spécimens, se déduisent invariablement d'un principe uniforme, du principe autoritaire. Issu, pour chaque peuple, des crises de l'enfance, il devient le palladium de l'âge mûr, prend force et s'épanouit à l'ombre du préjugé. Les nombreuses variétés sociales qui en découlent dans l'histoire, leurs drames, leurs péripéties émouvantes, ne sont, au fond, que les costumes différents sous lesquels s'agite le même personnage, et qui se succèdent ou alternent au gré des circonstances. C'est toujours un groupe d'individus, s'organisant en corps de nation pour la conquête d'un territoire sur des voisins plus faibles, comme nos pères les Barbares, ou sur la nature sauvage, comme naguère les Yankees ; puis, se fractionnant lui-même en sous-groupes gradués dans l'ordre des facultés intellectuelles, ou plus souvent, au début du moins, suivant les aptitudes physiques.

Le premier modèle en existe d'ailleurs de toutes pièces dans la constitution naturelle de la famille. Au sein de cette unité élémentaire, racine et base de la grande unité, domine un chef absolu, seul responsable, seul juge des faveurs qu'il dispense comme des châtiments qu'il inflige. Le régime initiateur de l'Etat sera donc, à l'image de ce rudiment en quelque sorte instinctif, le régime patriarcal, tutélaire, en un mot *autoritaire*. Une fois posée cette première base, l'édifice ne tarde à s'élever. L'adolescent prend force et se développe, mais toujours avec le stigmate de cette origine, avec son caractère de race. Dans sa phase de vitalité comme dans la période de croissance, on ne verra, en effet, que de bien faibles manifestations, de bien insignifiantes tentatives pour sortir de l'ornière primitive et pour rompre avec la hiérarchie traditionnelle, passée désormais à l'état de dogme sacré et indiscutable.

Dans les Républiques comme dans les Monarchies, dans tous les grands corps de Nation, le code fondamental, on pourrait dire l'appareil moteur se ramène toujours au même thème : Un ou quelques individus, triés parmi les plus forts, parfois parmi les plus habiles, souvent, comme disait Danton, parmi les plus « scélérats », tenant en main le fil de tout, dirigeant tout, exploitant tout, à peu près à leur gré. Au-dessous d'eux, la masse, tantôt soumise et disciplinée de longue main, tantôt turbulente et indocile, sans cesse frémissante, mais finalement mâtée. C'est l'histoire de l'Association orageuse, des luttes engagées et perpétuellement renouvelées entre ces deux grandes individualités : les GOUVERNANTS et les GOUVERNÉS, qui remplit les archives du passé ; c'est le récit des triomphes à peu près invariablement obtenus par les premiers, des aspirations malheureuses et des tentatives trop intermittentes des seconds, qui constitue également pour nous la plus mémorable, la plus fructueuse leçon.

Un fait domine entre tous, et nous intéresse au premier chef : c'est le pacte immuable, indestructible, qui s'établit partout entre les détenteurs du pouvoir, quelque soit leur origine, et les représentants du système religieux. Ce pacte mystérieux, intime et fatal, comme une loi de la nature, se rompt parfois en apparence ; il y a des crises à tel moment, des révolutions, voire même des veines de dissolution complète, où l'on voit les deux *pôles de l'ordre*, brusquement séparés, courir à l'aventure et chercher des voies différentes. Mais la tourmente dure peu. La secousse, une fois calmée, l'inévitable couple reparaît plus puissant, plus envahissant que jamais. C'est ainsi qu'à l'abri de l'ignorance, et, il faut le dire, des tendances naturellement idéales et mystiques des masses, le faisceau va se consolidant de jour en jour, enveloppant le monde habité, et donnant aux générations qu'il exploite le scandaleux spectacle de la Force copulant avec la Superstition.

Le sillon tracé par les Nomades, enfants perdus des âges mythologiques, est devenu l'ornière profonde où se traînent les vieux peuples du jour. Autorité saisie par les forts, consacrée d'abord par les titres réels que donnent la valeur, l'intelligence ou l'audace ; puis, sanctionnée par une *révélation* supérieure. Telle se présente au fond, pour qui sait dégager l'idée de ses formes multiples, la physionomie générale de tous les gouvernements sous lesquels ont vécu nos pères, et dont il nous incombe, aujourd'hui, à peine d'indignité, d'arracher jusqu'aux dernières racines.

Les vices d'une semblable organisation ne sont, en effet, contestés par aucun esprit consciencieux et nourri quelque peu des grands enseignements de l'histoire. Toutes ces luttes

intestines de caste à caste, toutes ces guerres
étrangères entreprises trop souvent pour déver-
ser au dehors une ardeur importune, une inquiétude dangereuse au dedans; cette longue chaîne
de perturbations et de misères dont rougit la
dignité humaine et que la raison flétrit ; qu'est-
ce autre chose que la revendication perpétuelle,
par les déshérités, des droits hypocritement
usurpés ; l'immuable, et quelque fois, il faut
bien le reconnaître, l'inconsciente protestation
des *outlaws* de la plèbe, des vaincus enfin, car
c'est tout un, contre la justice violée, contre la
nature humaine avilie ; la conséquence inévitable enfin de cet équilibre instable où l'on voit
une minorité d'élus, conquérants, patriciens ou
thaumaturges, prétendre à servir de pivot au
monde ?

Nous trouvons également, dans ce même principe autoritaire d'organisation, quant au sujet
qui nous occupe, la source et le fondement
d'une théorie fatale, on peut dire inhumaine,
de cette théorie d'obscurantisme, produit ma-
chiavélique des officines gouvernementales, dont
les mille variantes pratiques tendent toutes vers
ce triste résultat, devenu leur singulier idéal :
Refuser aux masses une instruction, des lumières qu'on s'attache au contraire, de propos déli-
béré, à leur rendre odieuses ; cimenter ainsi le
monopole de l'autorité par le monopole de l'intelligence, et, disons-le, consacrer, par cet autre
pacte de *famine morale*, l'idiotisme de la plèbe
pour l'Eternité. (1)

(1) Nous ne croyons point qu'on nous taxe d'exagération.
Nous avons la conviction d'avoir fait, au naturel, sans méta-
phore, la peinture des régimes que la France a connus, comme
tous ses voisins, avant 89, et dont il arrive encore qu'elle se trouve menacée par intermittence ; de ces régimes que des députés

Avènement de l'Esprit nouveau d'Egalité et de Mutualité.

—

. Mais rien ne prévaut contre l'ordre suprême, invariable des faits de la vie comme des lois de la nature. L'équilibre un instant rompu doit, ici comme là, se rétablir à son heure. Intrigues, habiletés, puissance accumulée, vertu même, rien n'y fait. Arrive un temps où cette plèbe avilie se prend, à son tour, à méditer, à compter. Ses réveils désordonnés, ses véhémentes agitations passent d'abord comme les grands phénomènes terrestres, ouragans d'un jour, ébranlements passagers, sans laisser d'autres traces qu'un avertissement et un enseignement pour l'avenir. Mais peu à peu, ces aspirations instructives, ces tumultueuses réactions suivent un courant continu ; le théâtre des grandes luttes sociales s'illumine d'une lumière naissante, et le prolétaire, ravi par intermittence dans les pures régions de la sécurité et du bien-être, arrive à comprendre enfin, lui aussi, les bienfaits de l'ordre, mais de *l'ordre juste*, non de cet ordre menteur où s'abritent l'insolence du maître et la honte de l'esclave. Il pressent, dès lors, pour en être ébloui bientôt, la grande harmonie des lois morales, de ces lois jusqu'alors

interrogés par leurs électeurs dans un moment d'inquiétude nationale caractérisaient par cette apostrophe méritée : «... Cet
« ancien régime, où le Peuple ignorant, misérable, n'avait pas
« de droit, n'était rien, et payait *seul* à l'Etat, à la Noblesse, au
« Clergé, les plus intolérables impôts. » (Rép. des députés aux électeurs de la Haute-Loire, octobre 1873.)

méconnues des opprimés comme des oppresseurs ; et, rompant désormais avec la violence brutale, cause de ses malheurs et de l'inanité de ses efforts passés, il s'avance calme et irrésistible comme une force organisée, à la conquête de l'égalité.

Cette bienfaisante et capitale transformation de mœurs et d'idées, cette première et décisive lustration, par laquelle le peuple a dépouillé ses antiques haillons d'ignorance et, reniant à jamais la tradition de son infirmité intellectuelle, a fait acte de vie morale, ce premier essort veut, pour se déployer, une libre et large carrière. Mais bien faibles encore sont les résultats obtenus en face de ce qui reste à faire. Ils n'ont été d'ailleurs achetés qu'au prix des plus sanglants sacrifices. Renversement d'empires, comme à l'avénement du christianisme ; bouleversement de nations, comme dans l'Europe de la Réforme et chez nous en 93 : toutes ces solennelles catastrophes n'ont livré chaque fois que des rudiments confus, informes, de cette initiation si justement revendiquée et toujours refusée, misérables épaves de la tempête, jetées à l'heure suprême comme par grâce à la foule éconduite et harassée. Ce qu'il faut aujourd'hui, pour continuer avec fruit cette œuvre de régénération, ce n'est pas ce régime étroit, flétrissant, de parcimonieuses concessions arrachées par intervalles à la peur et au désordre ; ce n'est pas l'introduction dans la place du privilége intellectuel, de quelques individualités choisies pour éblouir et tromper le reste ; c'est la *table rase*, l'admission de tous au banquet commun. C'est, avant tout, la conviction unanime que l'homme ne cessera enfin d'être pour l'homme un ennemi que du jour où l'ignorance ne sera plus l'excuse de personne. Telle est, dans la grandeur de son but comme dans sa rigoureuse équité, l'entreprise à laquelle nous devons tous, désormais, nous vouer et travailler sans relâche.

L'antagonisme des intérêts mal entendus, les aberrations de la politique, l'inexpérience commune l'ont fait rétrograder ou échouer jusqu'alors. Il nous incombe aujourd'hui de mettre à profit des leçons payées de tant de labeurs et de sang humain, et d'arborer enfin résolument, en face des dissensions chaotiques du passé, le drapeau de l'harmonie générale. Que ce fonds d'intelligence, de lumière et de moralité, produit complexe de la nature et de l'héritage des générations, devienne désormais un fonds commun, accessible à tous, où tous viendront puiser et compenser, dans la mesure du possible, ces autres inégalités sociales dont gémissent les bons, mais que les sages admettent comme la Nécessité. Nous tiendrons alors cette communauté féconde, ce socialisme, seul juste, seul rationnel, susceptible de répondre aux multiples aspirations modernes, et de faire rentrer dans le monde des chimères cet autre socialisme mystique, un moment évoqué, au grand détriment du sens commun et pour le malheur du grand nombre.

Il faut toutefois, à l'égard du reproche d'obscurantisme interjeté plus haut, se hâter de faire quelques réserves et se garder surtout de soumettre, sans examen préalable, le présent et le passé à un verdict commun. La question qui nous préoccupe est trop grave, en effet, le procès intenté s'attaque à trop d'individualités éminentes, soit historiques, soit contemporaines, pour laisser planer le moindre doute dans les convictions, flotter le plus léger nuage dans les consciences.

Prépondérance croissante de l'intelligence et des lumières avec le progrès général.

—

Qui ne sent, en effet, dès qu'il s'agit d'une telle enquête intellectuelle, véritable étude physiologique sur la propagation des lumières, sur la marche comme sur la raison d'être du phénomène, tant au point de vue humanitaire qu'au point de vue juridique ; qui ne saisit, avec la dernière évidence, qu'un abîme sépare les nations dans la spéculation et dans le temps ; que bien différentes seront nos appréciations, suivant le développement du *sujet* ou son classement dans l'échelle des civilisés, suivant qu'il s'agira de telle société égyptienne, grecque ou romaine, ou de nos Etats modernes ; qu'un anachronisme, enfin, en si grave matière, plus impardonnable encore qu'inconséquent, nous est interdit de par l'histoire comme de par la logique ?

La raison de ces distinctions nécessaires se saisit, avec quelque réflexion, d'un simple coup d'œil jeté sur la loi de progression suivant laquelle s'élabore, pour les différents peuples, l'éducation matérielle et morale. Quand la masse, au début, faible ou considérable, mais peu compacte, en quelque sorte inconsciente d'elle-même, végète encore, en proie aux mouvements désordonnés, aux hésitations d'une conquête ou d'un établissement récents ; quand l'organisme social, réduit aux formes embryonnaires de la tribu nomade ou de la horde envahissante, flotte sans cesse, au gré de l'évènement du jour ou du caprice individuel, sans saisir encore son expression caractéristique sinon définitive ; à ce premier période, où les éléments jeunes, pleins de vie, s'agitent sans trêve et s'épanouissent sans souci, il ne faut évidemment pas s'attendre à voir s'ouvrir, comme dans notre vieux monde, cette plaie maligne de l'abrutissement intellectuel du grand nombre. Le fléau ne sévit pas là où manque la matière.

Nous sommes loin, bien loin encore de ce qu'on appellera un jour : « *Règne des lettres et de la philosophie. — Juste prééminence des classes éclairées,* » et autres panacées étiquetées dans le vocabulaire moderne. Tous sont à ce moment éclairés des mêmes lumières, ou plutôt vivent, combattent et meurent dans la même ignorance. La force physique y est, en permanence, le pivot organique. Malheur aux faibles qui n'ont, au reste, qu'à imputer leur misérable destin à la nature. Que n'ont-ils, eux aussi, un sang riche, des muscles vigoureux, pour prospérer et jouir, en ces temps de turbulence où la tête sert de peu !

Mais peu à peu s'annonce et prend naissance le rôle de l'Intelligence. Le chaos se débrouille à mesure qu'arrivent des temps moins agités, où, dans un milieu social mieux lié et plus affermi, la puissance et la richesse cessent d'être le monopole d'un corps robuste ou d'un cœur intrépide. Viennent alors ces jours de calme relatif où la bande nomade a pris pied dans le sol et, lasse d'une existence vagabonde, pose les assises d'une cité ou d'une grande nation : là Carthage, ici Rome. Il faut, dès lors, à l'agglomération informe de la veille, un ciment d'union ; à ces individus, livrés hier encore à leurs seuls instincts, mais fatigués de l'isolement, des conventions, des régles d'association ; en un mot, des *institutions*.

C'est alors que s'élève forcément, pour grandir

tous les jours, une influence auparavant inconnue ou entièrement subordonnée : celle de l'intelligence, de la sagesse, et malheureusement aussi, l'histoire le dit trop, de toutes ces facultés équivoques, cultivées *en politique* au détriment de la morale. Le char, que les guerriers ne sauraient plus conduire et préserver de l'abîme, est dirigé par des mains plus habiles à *tourner* les obstacles. Après les demi-dieux, les héros des temps à demi-fabuleux de la fondation, viennent les grands hommes d'Etat, les administrateurs illustres, les diplomates heureux. Mais, comme on devait s'y attendre, le monde y gagne peu, et l'exploitation va son train. Aux aristocraties patriarcales, fondées par le sabre ou sur la possession de la terre, vivant de la clientèle et de l'esclavage, l'oligarchie financière et fastueuse que les monarchies ou les républiques marchandes traînent à leur suite ne saurait être un remède. La transformation amène un fléau de plus, celui qui nous ronge depuis des siècles, que nous attaquons ici, et avec lequel l'humanité lutte et veut rompre à peine d'imbécilité finale. Elle creuse, en effet, d'une manière cette fois irrévocable, l'abîme qui sépare des hauts et puissants seigneurs du pouvoir la plèbe misérable, sans idées comme sans ressources.

Hier encore, la distance, en quelque sorte purement matérielle, passait presque inaperçue et voilée par les liens encore sensibles du sang et de la race. Entre membres et chefs d'une même tribu, d'une même cité naissante, l'autorité n'était encore que celle d'un père riche d'un plus grand nombre d'enfants. A part quelques distinctions d'apparat et un surcroît de bien-être médiocre, le reste était commun. Mais voilà que dans l'Etat organisé, la tête s'élève décidément en des régions inaccessibles, *summum olympum,* pendant que le commun s'enfonce de plus en plus dans l'ornière du labeur physique et de l'abrutissement moral. Voilà que ces arts, ces sciences, destinés à améliorer la condition générale, à faire le bonheur de tous, se trouvent soudainement confisqués au profit de ceux qui ont déjà la force et auxquels sont dévolus, par surcroît, moyens et loisir pour puiser à ces fécondes et nouvelles sources de domination.

Que les hommes de combat fassent, avec les habiles, les lettrés, un pacte de partage, comme dans la plupart de nos États occidentaux et chez les peuples commerçants ou guerriers de l'antiquité classique; qu'en une même classe de gouvernants viennent s'incarner le double caractère, le double prestige de la noblesse, du sang et des lumières accaparées, comme dans les empires stationnaires du haut Orient, comme aux Indes et en Egypte avant les âges modernes ; le résultat est politiquement le même. La plèbe écartée, hors de concours, subit une éviction de plus en plus irrévocable à un double titre : déjà jugée impropre au noble métier des armes, *imbellis*, elle est devenue cette race inférieure, *ignorante*, dont les aspirations ne dépasseront plus l'horizon des besoins du jour, et ne se traduiront plus que par d'obscures émeutes. Vil troupeau, auquel les maîtres veulent bien concéder l'existence, à condition qu'il sera utile, qu'il rendra profit ! Voilà le changement capital, considérable, qu'est venu apporter l'ordre nouveau; voilà, provisoirement au moins, ce qu'après Jéhova, le dieu des forts, est venu faire régner le spiritualisme des temps nouveaux.

Nous ne sommes encore, observons-le, qu'au seuil de l'époque moderne, et le mal s'annonce déjà chez tous les peuples dont l'histoire s'occupe, par les mêmes symptômes et à des époques correspondantes de leur développement social : chez les Grecs, après la lutte héroïque contre les invasions asiatiques ; chez les Romains, après le triomphe sur Carthage et sur les indignes successeurs d'Alexandre, qui ouvre le monde aux légions ; dans les temps modernes, et pour résumer l'ensemble par un exemple, au sein de la France du moyen-âge, du jour où, les grands feudataires disparus, l'unification marche de pair avec la monarchie.

Mais, de même que les effets s'aggravent, chez le sujet malade, en raison de la complication de l'organisme ou du raffinement de l'éducation, de même, avec notre assiette sociale plus tourmentée, avec notre organisation économique plus laborieuse et plus savante ; de même, en un mot, avec notre civilisation, la situation va se dérouler avec un cortége bien autrement déplorable de corollaires, de conséquences désastreuses. Les anciens, heureux en ceci, après avoir dépouillé toute une classe de sa force, tant morale que physique, après avoir fait de tout ce qui constitue la dignité humaine un monopole à l'usage de quelques-uns, les oligarques asiatiques, grecs, romains, désormais assurés, n'eurent plus qu'à jeter pitance et distractions, *panem et circenses*, à cette plèbe dépouillée, sauf à organiser solidement les deux colonnes du système : *armées soldées, esclavage*. A l'aide de cette toute puissante recette, la bête muselée suivait pacifiquement les représentations du cirque ou les parades du forum, y apportant même parfois un certain sel de turbulence, quelques éclairs de velléités indépendantes, manœuvres de théâtre bonnes à duper plus tard les innocents commentateurs, et à mieux faire éclater toute l'efficacité d'un régime soporifique si savamment appliqué.

Dégradation progressive de la Plèbe sous l'influence de la civilisation.

Il en va différemment avec nos sociétés modernes. Ici la complication des besoins, la multiplicité des rapports et des échanges, et par dessus tout ce tout puissant levier de la DIVISION DU TRAVAIL, dont les conséquences désastreuses menacent d'égaler un jour la bienfaisante fécondité (1) ; ce vaste ensemble, dont se compose et dépend l'existence économique des peuples actuels, vient singulièrement aggraver la situation. L'esclave antique devenu le serf féodal, a subi dans le *prolétaire* des champs ou de l'atelier une troisième et triste incarnation, qui ferait, en vérité, désespérer de la justice si elle n'était à son tour un état de transition dans cette douloureuse étape déjà trop longtemps prolongée.

L'homme du peuple, n'était un sentiment inextinguible et réellement *moderne* de sa dignité, de ses destinées finales, serait, on l'a dit souvent,

---

(1) La division du travail a besoin d'une organisation économique qui en tempère et en atténue les effets nuisibles. C'est là une vérité à laquelle on peut être embarrassé de donner une sanction, mais qu'on ne saurait plus contester.

Nous avons en ce moment sous les yeux un nouveau témoignage des protestations légitimes auxquelles donne lieu le régime actuel tel qu'il est pratiqué.

Les délégués des ouvriers parisiens (groupe des gantiers) à l'Exposition de Vienne, constatent bien, dans leur rapport, la *supériorité de la fabrique française*, mais signalent en revanche, en les déplorant, les pratiques de notre fabrication, où la division du travail se trouve poussée au point « *qu'aucun ouvrier gantier ne serait capable de faire un gant de toutes pièces.* » C'est ce qu'ils appellent le *système*, qui a toujours été énergiquement repoussé par les ouvriers viennois, mieux avisés, en ceci, que les Français. (Octobre 1873.)

plus à plaindre que ses aînés de la misère (1).
Accablé comme eux du travail du jour et de l'ar-
rogance du maître dont le nom seul a changé,
ce paria de notre civilisation boiteuse en est réduit à envier, parfois, le repos et la nourriture
de l'esclave. Déjà exclu du rang assigné dans la
cité à tout homme libre, ce n'est assez, pour lui,
d'être fatalement prédestiné au rôle d'outil inconscient, de machine ; il faut, pour que la mesure soit comble, que l'homme se retrouve entier
pour la souffrance, qu'il dispute l'œuvre achevée
avec la nature, lutte avec ses maigres besoins, et
tombe à la merci de son estomac !

Voilà, du moins au point où nous sommes parvenus, ce qu'a produit l'affranchissement
de l'humanité ; voilà le résultat le plus clair de
notre imposante organisation sociale ; voilà par
quelle désolante marche d'affaissement graduel se
traduit cette course brillante vers une prospérité indéfinie, rêvée par les sages, annoncée par
les apôtres et dont l'ombre vaine fournira longtemps encore matière aux amplifications de nos
rhéteurs, si l'on ne met résolûment la main au
gouvernail, au risque de briser la barre.

Il restait encore à la plèbe de la Grèce et de
Rome, pour voiler ses misères, les agitations du
forum ou le boniment des religions théâtrales
de l'antiquité ; maigres compensations, mais di-
versions adroitement calculées et précieuses en
raison de l'avilissement du sujet. Aujourd'hui,
pour avoir un instant entrevu les horizons nouveaux de l'affranchissement et de la justice, pour

____

(1) Cette triste vérité était déjà incontestable dans l'ancienne
Rome, dès le temps des Gracques, comme le constatent les meilleurs
historiens de ce peuple, peuple inouï dans les annales du monde,
peuple qui domine la postérité par ses vices comme par ses vertus.
— Voir entre autres la consciencieuse histoire romaine de TH.
MOMMSEN 1866.)

s'être, avec l'enthousiasme du néophyte, bercé des espérances annoncées par la « bonne nouvelle, » (Evangile) le prolétaire se trouve impuissant et nu en face d'une société désormais fermée et vouée, jusque dans ses fibres intimes, au plus impitoyable esprit d'exploitation et de mercantilisme. Pour la foule des déshérités, plus de ces spectacles gigantesques où les grands de la terre, partageant un moment leurs splendeurs, masquaient leur insolence sous des largesses habilement prodiguées ; plus de ces luttes dramatiques jusqu'au délire, sanglantes, où le gladiateur, étalant son héroïsme de commande dans une lutte infâme d'homme à bête, venait enlever, il est vrai, tout reste de sentiments nobles et de passion énergique à ces cœurs affaissés, mais les endormait au moins d'une ivresse léthargique.

Ici, tout s'échange ou se paie ; l'instruction la plus maigre, la plus rudimentaire, est devenue chose de luxe en pareil milieu, car l'enfant sert de peu s'il ne mord de bonne heure à la besogne et n'allége aux parents le fardeau de sa nourriture. Ce qui est vrai de l'A, B, C, l'est bien plus des modestes jouissances matérielles ou artistiques. Le jour succède au jour avec une désolante monotonie de labeur et de misère. La société n'a plus même, comme autrefois, en réserve, pour pallier ses souffrances, pour réfréner les excitations de l'envie qui bouillonnent à sa base, les grossières mises en scène de la place publique. Peiner en silence, obéir toujours, est devenu la loi, « *dura lex* », qui s'impose aux classes inférieures ; car, et comme par surcroît de dérision, ces mêmes conditions de progrès général, de perfectionnements progressifs, dont s'étaie ou s'élabore le système nouveau, veulent, avant tout, l'établissement de l'ordre, d'un ordre stable et d'une soumission passive.

Pour faire de ces incessants efforts, de ces entreprises gigantesques les sûrs garants du brillant avenir réservé au monde moderne, il faut, à ses pionniers comme à ses chefs, un mécanisme complexe, d'efficacité supérieure à l'antique hiérarchie des classes. Princes de la finance, potentats de l'industrie, tout ce peuple de monarques nouveaux suivi de son cortége de commis, patrons, affidés, etc., demande une organisation savante et forte à la fois. Les secousses, les perturbations politiques, toutes également fatales au système, et parfois mortelles, doivent être évitées ou prévenues à l'aide des plus énergiques moyens. Nulle mesure trop dure, nul droit humain susceptible de prévaloir en face de cet autre droit suprême affirmé par la raison d'Etat. Nulle arme subtile, honteuse ou oppressive, qu'une civilisation fascinée par le succès, oublieuse de son vrai principe ou de sa dignité, n'ait su découvrir dans son arsenal prophylactique et manier en aveugle pour se détruire elle-même.

Les étapes lugubres marquées dans l'histoire par ces luttes déplorables, ou les protestations du faible manquent rarement, faute d'équité et de lumières, de se résoudre en exterminations réciproques, affectent, on le sait trop, un caractère particulièrement sombre, tiré du tempérament moderne. Qu'on envisage, en effet, ces drames à jamais douloureux, dont les noms seuls emporteront dans l'avenir la condamnation de leurs provocateurs. — Ici, chez nous, la révolte des *pastoureaux*, agonie du serf sous le joug féodal ; là, l'échauffourée sanglante des *Ribauds*, après les guerres anglaises dont la noblesse avait su rejeter tout le fardeau sur le peuple ; plus tard, l'héroïque mais sanglant triomphe des *Gueux* des Pays-Bas sur les arrogants conquérants espagnols ; et, pour résumer toutes ces mémorables mais navrantes épopées, la plus grandiose comme la plus décisive de toutes, la Révolution française de 89, vaste avénement de tout un Peuple-Serf à la vie, jusqu'à ce que nous puissions ajouter : à la Liberté.

Partout la marche de ces tumultueux événements nous révèle, à côté du fait matériel d'une lutte plus ou moins acharnée, cet autre fait moral, on pourrait dire psycologique, d'une conscience de plus en plus énergique, de plus en plus claire, chez les opprimés, de leur droit comme de leur dignité. On sent là d'autres adversaires que les plébéiens ou les esclaves du monde ancien ; mais on voit, en revanche, à l'acharnement du vainqueur, à l'obstination du vaincu, qu'à de semblables combats entre rivaux l'humanité finirait par s'user, et ce que coûte au monde cette régénération ajournée durant des siècles.

Ainsi, l'homme affranchi des iniquités de l'esclavage, purifié des infâmies du servage, avide de régénération physique et morale, n'aurait parcouru ces deux longues et douloureuses épreuves que pour retomber en un état pire encore. Etat de fièvre et d'antagonisme plus ardent, où les faibles répondent à l'âpreté croissante des forts par la révolte de leur conscience réhabilitée.

Ces avantages disputés : Richesses — Bien-être — Lumières, — jadis à peine soupçonnés par le Serf ou l'Esclave, sont aujourd'hui compris et revendiqués par tous ; le conflit s'aggrave et se perpétue par l'amertume des réactions ; et chaque adversaire s'énivrant de ses succès, confond dans ses vengeances les droits acquis et les priviléges usurpés. Ainsi, les deux camps, en présence de temps immémorial, se hérissent tous les jours de nouvelles et formidables défenses, et l'homme, plus que jamais, menace de s'éterniser l'ennemi de l'homme : « *Homo homini lupus.* »

Tel se présente et sévit l'antagonisme croissant, en quelque sorte organique, dans lequel s'épuisent les éléments vitaux des sociétés modernes. Le tableau rapide qu'on vient d'esquisser peut changer, quant à la forme, suivant les tendances ou les points de vue individuels, mais invariable quant au fond, il conduira toujours aux mêmes conclusions. Le mal y est révélé dans toute son étendue et suffirait, à défaut des enseignements supérieurs de la Morale et de la Justice, pour imposer l'urgence des remèdes jusqu'ici relégués dans les rêves des philosophes, tenus, pour cause, en suspicion par les praticiens, et surtout discrédités, à notre honte comme à notre détriment, par un machiavélisme dont il est temps de flétrir les manœuvres égoïstes.

Nécessité du Contrat de Mutualité pour les sociétés modernes.

Une société, quelles que soient ses origines, ses formes, sa constitution, est, en définitive, et par le fait même de son existence, un pacte d'association, sinon entre tous ses membres, du moins entre les plus anciens, les plus nobles (Gérontie — Patriciat), les plus puissants, les plus forts (Aristoï) ; sinon en vertu d'un acte formel, authentiquement libellé, du moins par un consentement tacite, ou par l'influence progressive de la tradition. Le tout dans le but final de vivre, de se défendre et de prospérer à l'aide de certaines pratiques communes et de garanties mutuelles.

On vient de constater, par la précédente analyse, l'exclusion de ce contrat pour une portion des membres de la cité ou de la nation. Cette exclusion systématique et à peu près générale dans tous les temps et chez tous les peuples, dresse, aujourd'hui plus que jamais entre les *citoyens* et les *deshérités*, une barrière fatale ; défendue par l'orgueil égoïste, attaquée par le désespoir et la vengeance, elle peut, sous le flot des révolutions, s'infléchir parfois ou osciller dans sa direction, s'ouvrir même à quelques transfuges, mais ne cède jamais à ces brèches isolées.

Tel est l'obstacle qu'il faut désormais et à tout prix renverser ; telle est l'arène, autrefois bouleversée par des luttes interminables, où doivent converger sans relâche les efforts de tous, pour édifier enfin l'harmonie des intérêts sur l'antagonisme vaincu. Plus d'acception de personnes ou de castes ; — Tous admis au plein droit de cité ; — Guerre impitoyable à tout ce qui sent le privilège, dans l'ordre moral comme dans l'ordre matériel ; — Qu'on rougisse enfin de ces ridicules prétentions à ce singulier monopole de supériorité imaginaire de l'intelligence, dont les exploiteurs du jour voudraient faire comme la queue impure (*caput mortuum*) des privilèges dévolus aux races évanouies. Tous se valent dans le grand atelier de l'humanité. Que chacun mette la main à l'œuvre et les spécialités s'organiseront et le travail saura bien, à lui seul, suppléer l'impuissance des vieilles machines gouvernementales.

Mais aussi, que la première de toutes les conditions, celle dont l'absence remettrait tout en péril et dont la présence garantit tout, suivant nous, que la propagation de l'enseignement, propagation *universelle et sans entraves*, soit aussi la première des clauses inscrites dans le contrat nouveau. Tous s'associent et se garantissent leur dignité et leurs droits, mais chacun veut avoir dans son concitoyen, non un savant, encore moins un philosophe profond ou subtil au sens de la pédagogie actuelle, mais un *contractant éclairé*, au fait des affaires usuelles, capable, en un mot, de se mouvoir *civilement* et comme dans son milieu naturel.

L'Instruction, condition et base du contrat.

—

Les conséquences d'un pareil ordre de choses se déroulent d'elles-mêmes. Les problèmes sociaux les plus importants, ceux dont la recherche a fatigué tant de profonds métaphysiciens, essoufflé tant de verbeux orateurs, reçoivent naturellement leur solution avec une facilité qui fournirait au besoin la meilleure preuve du principe. Une société basée, en effet, sur cette donnée fondamentale de l'*égalité des personnes* et de la *mutualité des rapports*, implique, de la part de tous, non seulement la volonté, mais encore le pouvoir de contracter. Il devient oiseux, dès lors, sinon d'une suprême inconvenance au point de vue social comme au point de vue humanitaire, de se poser la question de l'*Enseignement obligatoire*. Une semblable institution et tout ce qui en assurera le jeu normal, constituent l'assise première, la fondation de l'édifice. A défaut d'une aptitude individuelle suffisante, le droit nouveau deviendrait dérisoire, le courant d'affranchissement rétrograderait, et le monde, impuissant et dupé, rentrerait dans les ténèbres du despotisme.

Qu'on n'aille point, à ce propos, pour repousser hypocritement cette incomparable machine de régénération universelle, qu'on n'aille point arguer de la liberté individuelle violée, des droits des parents sur leurs enfants méconnus, et d'autres prétendues thèses libérales, dont la seule ignorance des vrais principes sociaux a fait toute la fortune. A l'exhibition bruyante de tous ces arguments puisés à la source impure du sophisme, nous n'opposerons qu'une seule réponse, mais qui nous paraît décisive. A l'égard de la liberté individuelle, d'abord, n'est-il pas de principe que tout membre d'une société doit ou a dû s'engager à remplir toutes les clauses du contrat, à sacrifier, en un mot, suivant l'éloquente expression de Rousseau, véritablement interprète ici du sens commun, une portion de son libre arbitre pour jouir, en échange, des avantages toujours supérieurs puisés à la vie collective ?

Que pourrait, dès lors, justement opposer à cette société, qui a bien voulu le recevoir, mais à condition de l'éclairer, de le moraliser, d'en faire un homme enfin, l'individu isolé, faible, misérable, en dépit de son courage et de ses efforts, et dont quelques instants de loisir consacrés à son instruction seront le seul tribut prélevé par la collectivité sur cette liberté si mal à propos prétextée ? N'est-ce pas là une condition commune à toute opération, à toute entreprise de ce genre ? Des hommes se réunissent pour concentrer leurs efforts, exploiter en commun un territoire, une branche de commerce ou d'industrie ; mais ils ne manquent de procéder, avant tout, à l'organisation de cette unité, de ce corps de nouvelle espèce, à la coordination de ses organes ; moyennant quoi, seulement, le groupe peut fonctionner avec ensemble et poursuivre son but. Aux individus s'est substituée une personne fictive, dont les facultés, les attributs, nécessairement empruntés à chacun dans une proportion déterminée, veulent désormais, pour fonctionner, le maintien loyal de ses règles et la subordination relative de chaqué membre, dès qu'il se trouve en présence de la collectivité.

Il n'en est pas autrement du citoyen appelé à faire partie d'un grand Etat ou d'une simple cité. Prétendre aux bénéfices de la vie sociale sans en accepter les charges, sans engager la moindre parcelle de sa liberté individuelle ; vouloir la civilisation avec l'indépendance de l'isolement, sans dépouiller l'homme primitif, « l'homme sauvage, » serait le rêve du sot orgueilleux ou du brutal ignorant.

C'est à prévenir de semblables aberrations, à mettre en même temps à la portée de toutes les intelligences l'interprétation des devoirs attachés au titre de citoyen, que doit précisément s'appliquer l'initiation obligatoire dont il s'agit et qu'on doit envisager, à ce double titre, comme une institution fondamentale indiscutable.

L'apparente contradiction signalée à propos des droits du père sur ses enfants, droits naturels et primordiaux, dit-on, qu'on violerait par le fait d'un certain niveau, d'une certaine moyenne d'éducation dont l'Etat viendrait lui faire une loi pour sa progéniture, cette contradiction, véritable fantôme évoqué pour exciter les esprits ombrageux ou pour égarer les cœurs sensibles, n'est, au fond, qu'un argument de *commande*, dont une logique impartiale fait prompte justice. Ce père, d'abord, être mortel et d'existence limitée, ne peut évidemment stipuler que *relativement et à temps*. En face et au-dessus des individus périssables domine la Société immortelle, pour laquelle les actes ou engagements éphémères n'ont jamais qu'une valeur conditionnelle, subordonnée en tout cas aux vues ou aux besoins des générations futures. Relier la chaîne des traditions et de l'expérience, telle est l'unique mission confiée aux hommes du jour, dont la mort éteindra demain jusqu'au souvenir. Vouloir étendre plus loin leur action, jusqu'à troubler l'économie d'un monde où ils ne seront plus, qu'ils ne peuvent même songer à entrevoir, encore moins à comprendre, serait un acte de démence dont, heureusement, l'histoire de l'humanité n'a jamais offert de rares spécimens sans les vouer à la honte ou les clouer au pilori du ridicule.

L'éducation de l'individu, son aptitude à préparer non pas un organe passif, mais un élément actif et intelligent du corps social, qu'est-ce donc autre chose qu'une de ces conditions primordiales, dégagée de toute influence éventuelle ou personnelle ; une clause du contrat supérieure à toute stipulation partielle, temporaire ou locale, comme la Société elle-même est supérieure à chacune de ses générations, comme la vie d'un peuple est au-dessus de l'existence individuelle ? Qu'un père égaré par un excès de tendresse, conduit par un calcul égoïste, ou simplement livré à cette torpeur intellectuelle trop fréquente encore de nos jours ; que ce père animé de sentiments excusables mais outrés, ou victime d'instincts vicieux, refuse à la société toute intervention dans la conduite de sa famille et l'éducation de ses enfants ; qu'il prétende livrer un jour à la communauté, dont lui-même sera bientôt rayé à jamais, des recrues par lui seul façonnées, des membres ou incapables, ou préparés. le plus souvent pour opposer leurs préjugés domestiques aux institutions collectives, à l'intérêt public ; qu'un ferment de discorde soit ainsi, à chaque heure, jeté dans la place par les prévaricateurs d'un jour, dont la mort assure, avec l'oubli, l'impunité : Une semblable hypothèse, présentée sans voile, dans toute la nudité de ses conséquences désorganisatrices, réduit à néant son principe. L'évidence des anomalies désastreuses qui en dérivent, fait taire toutes ces revendications anti-juridiques en faveur de l'absolutisme paternel. Il est temps de reléguer cette erreur au rang de ces dogmes funestes dont l'humanité a souffert dans son enfance, mais qu'elle doit réprouver à l'âge mûr ; de proclamer résolument, avec l'illustre conventionnel, avec toute la Révolution de 89, ce principe autrement fécond, espoir de l'avenir : « *Les enfants appartiennent à la République avant d'appartenir à la famille.* »

Ce principe élève enfin, comme le voulaient et l'ont sans cesse proclamé les plus grands esprits du siècle dernier, — les Montesquieu, les Turgot, les Malesherbes, — l'éducation du citoyen à la hauteur d'un devoir social, d'une *fonction de l'état*. Il dérive en droite ligne, non plus de cette solidarité inique et restreinte, pratiquée à la façon d'un privilége (1) par les aristocraties du passé ; mais de cette solidarité générale, enveloppant tout le groupe politique, pénétrant chacun d'une confiance égale et d'une

______

(1) Solidarité *de combat* qui divise la collectivité en groupes hostiles, et qui perpétue l'antagonisme.

égale responsabilité, et prenant pour drapeau le travail au lieu du monopole, la paix au lieu de la guerre.

C'est donc à l'organisation des mesures susceptibles de réaliser l'institution, de lui ouvrir sa juste et large carrière, que doivent désormais s'appliquer les efforts de tous, du simple citoyen comme de l'homme public.

Et certes, nous sommes les derniers à le méconnaître : urgente et rude est la tâche, et des difficultés nombreuses attendent le zèle, si grand qu'il soit, dont les travailleurs de l'avenir auront à signaler leurs débuts. Comment, en premier lieu, mettre à la portée de tous, y compris les besoigneux, les infirmes, voire même les incapables, cette éducation obligatoire, cette instruction nécessaire pour consacrer le citoyen et lui donner le baptême civique ? Sera-ce par la gratuité générale ou par la gratuité restreinte et élective ? Demandera-t-on l'action motrice à l'Etat ou à la commune ? Toutes questions également graves, obscurcies encore par de journalières polémiques et restées irrésolues comme l'énigme du sphynx ?

Quelle limite assigner, d'autre part, à ce répertoire de rudiments intellectuels, pour le tenir également éloigné d'une insuffisance dérisoire et de tous les raffinements spéculatifs, pour y loger tous les préceptes généraux usuels, toutes les idées pratiques, sans l'engager imprudemment dans les voies ardues et compliquées des détails techniques ? La coordination des matériaux, si simples et si réduits qu'ils doivent être, constitue à elle seule un problème d'autant plus complexe, qu'en ceci surtout les précédents font à peu près défaut, dans le passé comme dans le présent. A chaque peuple, à chaque état social, a répondu autrefois une tendance prédominante, caractéristique, et, selon toute apparence, conforme à l'organisme dont elle était éclose, mais dont il y aurait aberration de principes à vouloir nous inspirer. Que les Grecs d'Athènes ou de Lacédémone aient envisagé comme élément suprême de leur pédagogie la gymnastique et les exercices du corps ; qu'avec un peu plus de sens politique, mais par une exagération propre à leur tempérament processif et batailleur, les Romains aient cru trouver la panacée universelle de l'éducation dans la connaissance des lois écrites, du Droit (Jus); qu'à une époque séparée de cette antiquité, relativement éclairée, par un abîme matériel et moral, les hautes classes de la féodalité n'aient imaginé rien de plus noble à enseigner à leurs fils que la chasse et le combat— vénerie d'hommes ou de bêtes — ; il n'y aurait pour nous qu'heur et malheur à vouloir puiser dans ces méthodes, systèmes d'un autre âge, produits de l'exclusivisme antique ou habitudes grossières de castes dominantes livrées à la fougue de leurs passions.

Nous ne saurions emprunter, d'autre part, sans anachronisme flagrant, au régime scolastique toujours malheureusement en vigueur de nos jours. Cette importation de la féodalité monastique au sein des sociétés modernes, cette lourde pédagogie, compendieux répertoire de rubricaires, qui prend à tâche, par ses tendances comme par ses préceptes, de plonger l'adepte dans un monde depuis longtemps évanoui, de façonner les esprits à une discipline intellectuelle dont les premiers pas dans la vie réelle viennent, tous les jours, montrer à chacun de nous l'influence délétère ou au moins l'inanité ; toute cette organisation, en un mot, d'un enseignement contradictoire avec nos mœurs, étranger au sens pratique, et plus fait pour atrophier l'intelligence que pour développer les facultés, n'a plus sa raison d'être que dans la paresse et dans l'impuissance de l'homme à changer résolument de direction, ou, peut être, dans certaine prédilection des classes privilégiées pour un régime issu du privilége et dernier vestige d'un temps à jamais proscrit.

C'est donc tout un édifice à construire, un système à élaborer sur la base du vrai et du juste, sans autre guide que le sentiment des besoins et des tendances modernes. Tel est le caractère du travail dont la grande République de 92 avait déjà fourni les premiers pionniers, les travailleurs de la première heure. Saurons-nous poursuivre la tradition et bâtir sérieusement derrière la nouvelle façade que nous venons de relever ?

Rappelons, en attendant, l'ensemble des principes qui découlent des lois naturelles et que nous avons cherché, par l'analyse précédente, à présenter comme la vraie profession de foi, la formule de l'avenir :

a) — L'homme isolé est impuissant, et contre la nature et contre ses propres passions. Il lui faut la vie, l'organisation en société.

b) — La société est *un contrat* dont les clauses, débattues par tous, acceptées de tous, procèdent, sans exceptions, du double principe de l'Egalité et de la Mutualité.

c) — La solidarité collective entraîne, comme conséquence forcée, une moyenne d'aptitude intellectuelle suffisante à exiger de chacun des membres une *initiation civique*.

d) — L'Etat, qui représente la série indéfinie des générations successives, et qui, en cette qualité d'être impérissable, doit garantir et transformer ou modifier selon les besoins les institutions fondamentales, a pour première mission de

pourvoir à la dose d'instruction exigible de chacun des contractants. En un mot, à l'Etat incombe l'initiation civique (1).

Constantine, le 1er novembre 1873.

---

(1) Nous nous empressons de signaler, au moment où nous livrons ces réflexions à la publicité, le vote remarquable de la « COMMISSION DES ETATS SUISSES, » à propos de l'art. 25 du projet de Législation fédérale actuellement à l'étude. Cet article, voté *à l'unanimité*, contient en effet, dans son dernier paragraphe, l'importante déclaration suivante :

« La Confédération a le droit d'édicter des prescriptions sur le » *minimum* d'enseignement qui doit être donné dans les écoles pri-» maires, publiques ou privées. »

C'est la première profession de foi catégorique, émanant d'une Assemblée politique, de la doctrine que nous avons présentée et que nous désirons ardemment voir adoptée chez tous les peuples civili-sés. (Octobre 1873.)